Mon copain bizarre

Jean Guilloré est né en 1958 à Chambéry. Après des études de lettres et de cinéma, il entre à la télévision. Il a écrit plusieurs ouvrages pour la jeunesse.

Serge Bloch est né en 1956 à Colmar. Actuellement il travaille chez Bayard où il est directeur artistique. Quand il lui reste du temps, il fait des illustrations pour les petits et les plus grands ; il adore aussi faire des dessins humoristiques.

Du même illustrateur dans Bayard Poche :
Privés de télé (Les belles histoires)
Les crétins punis - La zip-zip magique (Mes premiers J'aime lire)
Le professeur Cerise - L'atroce monsieur Terroce - Tempête à la maison (J'aime lire)

Quatorzième édition

Dépôt légal : mars 2003
ISBN : 978-2-7470-0747-4
Loi du 16 juillet 1949 sur les publications destinées à la jeunesse.

Mon copain bizarre

Une histoire écrite par Jean Guilloré
illustrée par Serge Bloch

J'AIME LIRE
BAYARD POCHE

1
Brosse bizarre

L'an dernier, à l'école, j'ai eu un copain formidable. Un copain unique au monde.

II était orphelin, mon copain. Il paraît qu'on l'a trouvé au sommet d'une colline couverte de neige alors qu'il était petit bébé. Personne n'a su qui étaient ses vrais parents. Il s'appelait

Brice, parce qu'il a été trouvé le 13 novembre, le jour de la Saint-Brice. Son nom de famille, c'était Bosard, parce que les vieilles personnes qui l'ont adopté s'appelaient Bosard. Brice Bosard.

À l'école, les autres ne l'aimaient pas. Ils l'avaient surnommé « Brosse Bizarre », à cause de ses cheveux qui brillaient dans la lumière. Ils disaient :

– Hé ! Brosse Bizarre ! Éteins la lumière ! Tu nous éblouis !

C'est vrai qu'ils étaient plutôt biz... euh, étranges, les cheveux de Brice. Je n'avais jamais vu des cheveux comme ça. Ils étaient aussi brillants que le papier d'aluminium qui entoure les tablettes de chocolat. On aurait dit des fils d'argent qui lui faisaient comme un casque sur la tête.

Tout le monde se moquait de lui, surtout les grands : Yannick, Jean-Raoul et leur bande.

Moi, je ne les trouvais pas rigolos, ses cheveux. Je les trouvais même jolis. Pas plus ridicules, en tout cas, que la ficelle blondasse qui poussait sur le crâne de Jean-Raoul.

Il est arrivé en cours d'année, Brice. Dans la classe, j'ai été le seul qui n'a pas ri quand il est entré pour la première fois. C'est sûrement pour ça qu'il s'est assis dans le fond, juste à côté de moi. C'était un voisin tranquille. Le plus souvent, il regardait par la fenêtre les oiseaux qui volaient au-dessus des toits. Pourtant, il avait toujours les meilleures notes, des A, des 10. C'est incroyable comme il était intelligent !

Moi, je n'étais pas fort en classe. J'étais fort en dessin et en récitation, c'est tout. Pourtant, je ne bavardais pas, je ne faisais pas l'andouille. Mais j'avais du mal à comprendre ce que disait la maîtresse. Surtout en maths. Quand je réfléchissais trop, ça faisait comme de la confiture de chiffres dans ma tête.

Forcément, mes notes n'étaient pas bonnes. Papa, maman et même la maîtresse me prenaient pour un paresseux. Alors finalement, au fond de la classe, il y avait deux garçons malheureux : Brice à cause de ses cheveux, et moi à cause de mes notes. On était faits pour s'entendre…

2
L'accident de Jean-Raoul

Un matin, un peu avant Noël, toute la classe s'est retrouvée dans la grande salle de sport pour le cours de gym. Le professeur nous a laissés seuls quelques instants pour aller se changer. Aussitôt, Jean-Raoul et Yannick ont escaladé les gradins en jouant à la guerre.

Pour épater les filles, Jean-Raoul est monté sur la balustrade, tout en haut. Il s'est tenu au-dessus du vide, il a écarté les bras.

– Regardez-moi ! Je suis Batman ! Je vole !

Une des filles a crié :

– Arrête, Jean-Raoul, tu vas tomber !

Juste à ce moment, son pied a glissé. Il a battu des bras pour retrouver son équilibre. Trop tard ! Il a basculé dans le vide.

Alors il s'est passé une chose extraordinaire. Brice, à côté de moi, est devenu tout pâle. Ses cheveux ont perdu leur couleur argentée. Ses yeux se sont ouverts très grands, il y avait comme de la lumière à l'intérieur.

Il a regardé Jean-Raoul qui était en train de tomber... et Jean-Raoul s'est arrêté de tomber ! Il est descendu vers le sol tout doucement, comme une feuille qui tombe d'un arbre, comme s'il avait été retenu par une ficelle invisible !

Quand il s'est retrouvé par terre, il a eu l'air très étonné. Il s'est relevé, il a regardé tout là-haut l'endroit d'où il avait basculé, il s'est gratté la tête, puis il a éclaté de rire et il a couru vers les autres en criant :

– Vous avez vu ? J'ai volé ! J'ai vraiment volé !

Brice a alors poussé un long soupir, comme quelqu'un qui aurait fait un très gros effort. Puis il s'est tourné vers moi. On s'est regardés dans les yeux pendant un moment sans rien dire. Moi, mon cœur s'était arrêté de battre.

– Mais… euh… Tu… tu… tu as vu ça ?

Il a seulement répondu :

– Non. Je n'ai rien vu.

Comment, il n'avait rien vu ? Mais bien sûr que si ! J'ai bégayé :

– Mais… quoi ?… quoi ?… quoi ?!

Je devais avoir l'air d'une grenouille avec ma bouche ouverte, mes « quoi ? quoi ? » et mes yeux ronds. Mais je n'y comprenais vraiment plus rien. J'ai presque crié :

– Bien sûr que t'as vu ! C'est toi qui l'as retenu !

Il a haussé les épaules. Il avait l'air triste.

– Écoute, Mathieu, je ne sais pas de quoi tu parles.

Et puis il m'a laissé sur place.

Quand le professeur de gym est revenu et que les autres lui ont raconté l'accident de Jean-Raoul, il a eu l'air vraiment affolé. Il était comme moi, le prof : il ne comprenait pas comment quelqu'un pouvait tomber d'aussi haut sans se blesser.

Pendant tout le reste de la journée, ma tête a vibré comme une ruche. Des milliers de questions rebondissaient dans mon cerveau. Des milliers de questions, et surtout une : pourquoi Brice m'avait-il menti ?

3
Le secret de Brice

Le lendemain, dans la cour de récréation, Jean-Raoul se prenait pour une vedette. Il racontait à tout le monde comment il s'était envolé. Il disait qu'il avait des pouvoirs secrets… Quel crétin, celui-là !

Brice était assis tout seul à l'ombre du préau.

Il s'asseyait toujours à l'ombre pour que ses cheveux ne brillent pas. Je suis allé vers lui et je lui ai dit :

– J'ai bien réfléchi, cette nuit. Je sais que c'est toi qui as retenu Jean-Raoul quand il est tombé.

Il a fait « non » de la tête sans cesser de regarder le bout de ses baskets.

– Et je sais aussi pourquoi tu m'as menti. Tu as peur que tout le monde apprenne que tu as ce pouvoir. C'est ça, hein ?

– Ce n'est pas vrai, a-t-il dit. Je n'ai pas de pouvoirs.

Il m'a regardé en disant ça. Mais ses yeux ne disaient pas la même chose que sa bouche. Dans ses yeux, il y avait un mélange de peur et d'embarras. C'est comme s'il m'avait avoué : « Oui, c'est vrai, j'ai des pouvoirs, mais s'il te plaît, ne le raconte à personne, sinon j'aurai des tas d'ennuis. »

Alors, pour le rassurer, j'ai continué :

– Tu sais, tu as tort de te méfier de moi. Je ne te trahirai jamais.

Il a paru étonné que je dise ça. Il a regardé tout au fond de mes yeux, comme s'il cherchait

à lire des choses qui y auraient été écrites. J'ai dit :

– C'était vraiment super, ce que tu as fait. Je suis bien content que tu aies ce pouvoir.

– Pourquoi ?

– Parce que comme ça, nous deux, on partage un secret.

Il a souri, pour la première fois. Il a hoché la tête, tout content, comme si on venait de lui faire un cadeau qu'il n'attendait pas.

– Nous deux ?... C'est vrai...

Il n'a pas pu en dire plus. Dans la cour, tout d'un coup, il y a eu plein de bruit et plein d'agitation. C'était encore Jean-Raoul qui faisait le malin. Il venait d'escalader le toit de l'annexe et il se tenait debout tout au bord. Il criait :

– Vous allez voir que je peux le faire ! Vous allez voir !

Le directeur est arrivé en courant et lui a ordonné de descendre. Jean-Raoul a refusé.

– Ils ne me croient pas, M'sieur ! Ils disent que je ne sais pas voler. Mais c'est vrai, j'l'ai fait hier, alors... ! Regardez !

Il a écarté les bras et il a sauté en criant :

– Banzaï !

Heureusement que le toit n'était pas haut, parce qu'il n'a pas volé, Jean-Raoul. Mais alors pas du tout. Il est tombé comme une pierre, avec son sourire idiot et ses bras écartés. Il a rebondi sur la haie de sapins. Puis il a roulé dans l'herbe en pente et il a fini sa dégringolade dans une flaque de boue, juste aux pieds du directeur. Quand il s'est relevé, il ne comprenait pas pourquoi ça avait raté.

Le directeur était furieux. Il l'a attrapé par une oreille et il l'a conduit dans son bureau :

– Ah, tu voulais voler ! Viens, Superman, on va téléphoner à tes parents !

Dans la cour, tout le monde a éclaté de rire. Moi aussi, j'ai ri. Et Brice aussi. C'était la première fois que je le voyais rire, Brice. C'est à ce moment-là qu'on a décidé de devenir copains.

4
Brice et moi

Le jour d'après, c'était mercredi. Brice m'a conduit sur la colline où on l'avait trouvé quand il était bébé. Il s'est assis dans l'herbe et il m'a dit :

– Regarde, Mathieu.

Il m'a montré un caillou. Un caillou gris tout bête. Je ne comprenais pas où il voulait en

venir. Et puis, tout d'un coup, le caillou s'est soulevé et il est allé se promener autour de ma tête, comme un papillon. Brice souriait, sans lâcher des yeux le caillou volant. Ses cheveux étaient un peu moins brillants que d'habitude, et il y avait cette drôle de lueur dans son regard. Ensuite, le caillou s'est reposé doucement dans ma main.

– Tu vois, m'a dit Brice, j'ai fait pareil avec Jean-Raoul, je l'ai soulevé dans l'air. Je sais faire ça depuis que je suis tout petit. C'est ça, mon secret. Tu ne le diras pas, hein ?

J'ai craché par terre, j'ai levé la main droite et j'ai promis que je me tairais. C'était notre secret.

Cette nuit-là, je suis allé chez Brice, mais je n'ai pas pu dormir. J'ai essayé de soulever une chaise rien qu'en la regardant, comme Brice. Ça n'a pas marché. Avec une pomme non plus je n'ai pas réussi. Je n'ai même pas réussi à faire bouger un grain de riz.

Mon copain me regardait faire des efforts, l'air triste. Il ne croyait pas que je pouvais y arriver. Lui, son pouvoir, il l'avait toujours eu. Déjà quand il était bébé, il savait faire venir son biberon par les airs.

On est devenus inséparables. Brice m'aidait à faire mes devoirs et à apprendre mes leçons. Avec lui, je comprenais tout, et tout avait l'air facile. Moi, pour le faire rire, je lui racontais des histoires drôles et je faisais le clown.

En classe, il avait trouvé une bonne technique pour m'éviter d'avoir des zéros. Quand je faisais une faute dans ma dictée ou dans mon devoir de calcul, hop ! mon stylo s'échappait de

mes doigts, et il corrigeait tout seul mon erreur.

En cours de gym, j'étais devenu le plus fort pour grimper à la corde ou pour sauter. Les autres, les grands de la classe, étaient drôlement jaloux. Je ne pouvais tout de même pas leur expliquer que Brice me poussait sous les fesses avec son regard !

Le plus rigolo, c'était au football. Souvent, le ballon décrivait de drôles de trajectoires et il

atterrissait juste devant mes pieds quand je me trouvais près des buts. J'étais devenu un buteur terrible !

Brice riait comme un fou. Et moi aussi, je riais.

Quelquefois, on allait sur son balcon pour regarder la nuit. Brice connaissait le nom de toutes les étoiles. C'est là qu'il m'a dit, pour la première fois, qu'il allait partir bientôt. Je ne l'ai pas cru. Ce n'était pas possible qu'il s'en aille, puisqu'on était tellement copains.

5
Une nuit...

La nuit de son départ, on était au mois de juin. Presque en été. Il faisait doux et le ciel était plein d'étoiles. Tout d'un coup, Brice a pris l'air grave. Il m'a demandé :

– Tu entends, Mathieu ?

– Quoi ?...

Je n'entendais rien du tout, moi. Sauf les grillons qui chantaient et les bruits de la ville, très loin.

– On m'appelle !

J'ai répondu que non, ce n'était pas possible qu'on l'appelle, puisqu'il n'y avait personne dehors, juste le jardin sous les étoiles. Mais il ne m'a pas écouté. Alors on a pris nos vélos et on a roulé dans la campagne.

Il m'a encore conduit sur la colline où on l'avait trouvé quand il était petit. Là-haut, comme il n'y avait pas d'arbres, on se croyait au milieu du ciel. Je me suis allongé et j'ai eu un peu le vertige, à cause de toutes ces étoiles. J'avais l'impression que j'allais tomber vers le haut. Brice ne s'est pas allongé. Il était inquiet.

Je commençais à avoir un peu froid et j'allais lui proposer de rentrer à la maison quand, tout à coup, il y a eu une grande traînée dans le ciel. J'ai crié :

– Brice, tu as vu ? C'est une étoile filante ! Fais un vœu, vite !

Aussitôt, j'ai compris que j'avais dit une bêtise. Ce n'était pas une étoile filante. On n'a jamais vu une étoile filante faire des virages dans le ciel et clignoter comme une guirlande. Ce n'était pas un avion non plus, parce qu'on n'entendait aucun bruit.

C'était gros comme une maison, c'était très beau. On aurait dit un coquillage gigantesque qui brillait de toutes les couleurs comme le dessus d'un disque laser. C'est venu droit sur nous et ça s'est posé sans bruit au sommet de la colline.

Brice m'a pris la main. Je n'avais pas peur. Une porte s'est ouverte au milieu du coquillage. Une lumière terrible a jailli et deux hommes sont apparus. Leurs pieds ne touchaient pas le sol, on aurait dit qu'ils flottaient dans l'air. Leurs cheveux étaient comme ceux de Brice, argentés.

Brice a marché vers eux dans la lumière. Moi, je n'ai pas osé. Quand ils ont vu mon copain s'approcher, les deux hommes se sont agenouillés. Le premier a dit :

– Bienvenue, Majesté. Nous sommes très heureux de vous avoir retrouvée.

Le deuxième a dit :

– C'est un regrettable accident, Majesté. La navette qui devait vous emmener sur Bételgeuse est tombée en panne et vous a déposée ici quand vous étiez bébé. Nous vous cherchions depuis huit ans.

– Vous allez m'emmener maintenant ? a demandé Brice.

– Oui. Nous vous conduisons sur Aldébaran, pour la cérémonie de votre couronnement.

Vous êtes le nouveau prince des Huit Galaxies. Longue vie à vous, Majesté !

Brice n'avait même pas l'air étonné. Il a juste dit :

– J'ai toujours su que vous alliez venir.

J'ai eu mal au ventre, tout à coup, parce que j'ai compris qu'il allait partir. Brice m'a souri. Il était un peu triste, je crois, mais il était aussi heureux. Il m'a serré dans ses bras. Il m'a promis qu'il m'enverrait une carte postale, qu'il se débrouillerait pour me donner de ses nouvelles. Puis il a suivi les deux hommes. La porte s'est refermée et le coquillage s'est envolé dans la nuit en me laissant tout seul sur la colline, avec les deux vélos.

6
Moi tout seul

Le lendemain, dans tous les journaux et à la télé on a vu la photo du coquillage volant. Les journalistes ont dit que c'était un OVNI*. À l'école, tout le monde s'est inquiété de l'absence de Brice. Mais monsieur et madame

* Cela signifie : « Objet volant non identifié ».

Bosard, ses parents adoptifs, n'étaient pas inquiets. Brice leur avait toujours dit qu'un jour il partirait. Je n'ai pas osé raconter ce que j'avais vu. J'avais peur qu'on ne me croie pas.

Maintenant je suis seul, comme avant. Une nouvelle année a commencé. En classe, ça va presque bien. Jean-Raoul ne se prend plus pour Batman. Il est devenu mon copain. Yannick aussi. J'ai demandé à m'asseoir au premier rang. La maîtresse est contente de moi : elle ne croit plus que je suis paresseux. C'est un peu grâce à Brice, tout ça.

Le soir, quand la nuit est claire, je vais sur mon balcon et je regarde les étoiles. J'ai confiance. Je sais qu'un jour l'une d'elles descendra jusqu'à moi pour me donner des nouvelles de mon copain.

Presse

DÈS 7 ANS

Le magazine *J'aime lire* accompagne les enfants dans des **grands moments de lecture**

Une année de *J'aime lire*, c'est :

- 12 romans de genres toujours différents : vie quotidienne, merveilleux, énigme...

- **Des romans créés pour des enfants d'aujourd'hui** par les meilleurs auteurs et illustrateurs jeunesse.

- Un confort de lecture très étudié pour faciliter l'entrée dans l'écrit : place de l'illustration, longueur du roman, structuration par chapitres, typographie adaptée aux jeunes lecteurs.

Chaque mois : un roman illustré inédit, 16 pages de BD, et des jeux pour découvrir le plaisir de jouer avec les mots.

Chapitre 1

Maître du monde

J'ai toujours aimé la magie. Et si j'avais été magicien, j'aurais commandé : « Abracadabra ! Faites que lundi, il n'y ait pas de rentrée des classes ! »

Cette rentrée, je ne la sentais pas bien du tout.

6 7

Pour en savoir plus : www.jaimelire.com

Des romans pour mieux vivre les petits soucis quotidiens

Chaque histoire est suivie de conseils pratiques et malins pour les enfants qui se reconnaissent dans les histoires de Lulu.

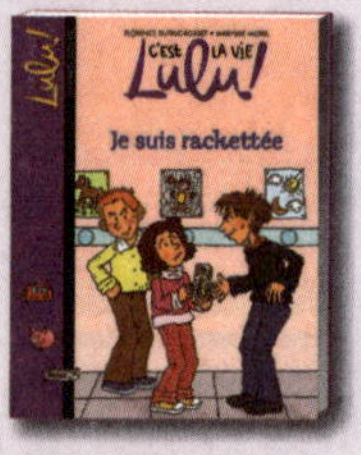

Lulu est un personnage du magazine astrapi

Princesse Zélina Et d'autres collections de livres pour les 7-11 ans

Des romans d'aventures et d'amour

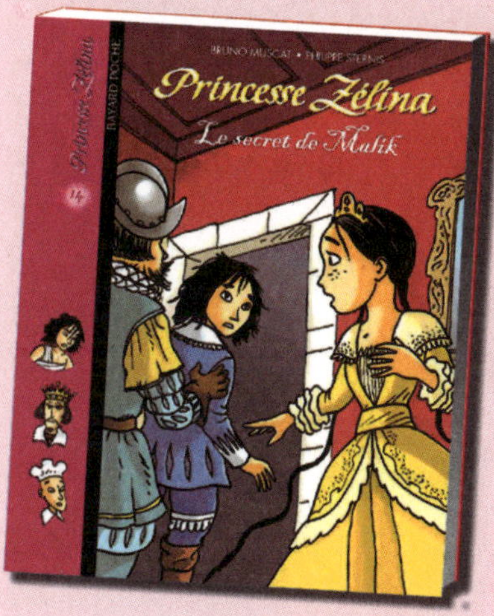

Des romans pleins de rebondissements avec l'intrépide princesse pour héroïne.

Un journal intime à partager avec Zélina. À lire et à compléter.

Un véritable agenda avec des informations inédites sur la princesse, des conseils pratiques et des autocollants.

Du papier à lettres, des cartes, des enveloppes, réunis dans un merveilleux coffret.

Zélina est un personnage du magazine astrapi

Achevé d'imprimer en août 2008 par Oberthur Graphique
35000 RENNES – N° Impression : 8707
Imprimé en France